頸城鉄道の記録 1968〜1971

橋本 真

↑ハサ掛けは秋の頸城鉄道沿線を代表する風景。ジョイント通過音を響かせてホジ3がその横を走り抜ける(1970.9)

SHIN企画

↑遠足客用に長編成で運転され，新黒井に戻ってきた列車。別運行のDB81＋ホハ1を除く車輌を総動員した編成である（1968.9）

　形態や大きさが異なる客車を雑多に連結──初めて訪れたのが沼尻鉄道だったためか，これが軽便鉄道の列車の第一印象でしたが，次に訪れた頸城鉄道によってそのイメージは少しかわることになりました。国鉄駅に隣接する新黒井の駅で最初に見たのは，DC92とホジ3がボギー客車を4輌も従えた編成。客車はすべて形態や大きさが揃っており，気動車ホジ3も前身が客車であることを強調するようにその中に自然に溶け込んでいました。

　さらに，発車時間近くになって2軸客車まで増結したこの列車には，たくさんの小学生とその保護者たちが乗車。遠足客に対応する特別な増車であることはすぐにわかりましたが，抱いていたイメージと異なる長編成に驚かされ，同時に軽便鉄道が華やかだった時代に接したような気持ちにもなりました。いったん本線まで出したためか，これらの車輌は分割されてその後も運転を続け，通常はあまり登場しない2軸客車ハ5やハ6の走行シーンを眺めたり，乗車することができたことも幸運でした。

　訪問時には既にコッペル2号機こそ見ることはできませんでしたが，まだ一通りの車種が揃っていたことも頸城鉄道の魅力でした。収穫期の輸送に備え

↑夕焼けの逆光の中に浮かぶ百間町車庫のシルエット。駅のほうには発車時間を待つホジ3の姿も見える（1970.9）

↑明治村—花ヶ崎間を走る。今となっては理由もわからないが，訪問時期は秋が多く，沿線に並ぶハサ掛けが定番の風景だった(1969.9)

る多くの有蓋車や無蓋車は穀倉地帯を走る路線を，ラッセル車とロータリィ車は冬期にかなりの積雪がある路線を物語り，その表情は季節によってさまざま。末期に稼動していた機関車は2輌で，降雪期の客車牽引と除雪車推進の両運用を最小数で担い切ったことも今になっては奇跡のように思えます。

頸城鉄道には何回か通いましたが，1968年の初回訪問のすぐ後には新黒井—百間町，飯室—浦川原間が廃止。以前の40％に当たる全長5.9kmまで短縮した後は，運転も基本的にホジ3が往復する単純なものになっています。さらに1971年には残った区間も廃止。このお別れ運転には何とか駆けつけることができ，最後の走行シーンを記録することになりました。そして，この日に登場した特別列車はDC92が3輌の客車を牽引。初回訪問時に見たあの列車が復活したように思えたのは言うまでもありません。

目　次

軽便列車が走った時代	4
新黒井駅と浦川原駅	10
百間町駅と百間町車庫	14
飯室駅とそのほかの駅	22
頸城鉄道の車輌たち	26
ディーゼル機関車DB81, DC92——26　気動車ホジ3——28	
2軸客車ハ5, ハ6・ニフ1——30　ボギー客車ホハ1〜5——32	
有蓋車と無蓋車——34　除雪車ラキ1, ロキ1——36	
雪原を走る列車と除雪車の出動	38
頸城鉄道の廃止	44

↑百間町に到着した特別列車の入換をする最終日のDC92(1971.5)

軽便列車が走った時代

　一部を鉄板張りとした車輌も見られたが，頸城鉄道の客車や貨車はいずれもオリジナルスタイルを残した木造車。基本的な外観や雰囲気は晩年までかわることがなく，かつての軽便鉄道のイメージを求めて頸城鉄道を訪れたファンも少なくなかったはずである。路線短縮時にリタイアした2軸客車に接したのは初回訪問時だけだったが，ここではそれを含めてDB81やDC92が牽引する客車列車や混合列車，ほかの鉄道にはほとんど見られない木造気動車ホジ3の走行シーンをご覧いただくことにする。

↑1輛の客車以外はすべて貨車という混合編成をDB81が牽引。収穫米の輸送列車は鉄道開業以来ずっと見られたのであろう（1968.9）↓

↑DB81が客車1輌を牽引。修復工事のためにホジ3が運用から離れていた期間があり，この時は代行運転としてコンパクトな客車列車が復活していた。(1969.9)↓→

↑DC92が2軸客車ハ5やハ6，荷物車ニフ1まで混じる編成の先頭に立つ。早い時間に長編成が運転された影響からか，初訪問日にはそれを分割した列車が走り，次にどんな編成がやって来るのか予想もつかなかった。(1968.9)↓

乗客の数も減少したと見え，路線短縮後には単行で走るホジ3が日常的な列車の姿になった。終端駅の機まわしや途中駅の列車交換もなく，わずか5.9kmの区間を往復する運転だったが，形態や塗装の印象からか，走り去る姿には機関車牽引の客車のイメージも重なる。（いずれも1970.9）

↑いつもとかわらない表情でホジ3が走行するこの日は全線が廃止になる前日。廃止当日には機関車＋客車の運転に切換えられており，本線上を走るホジ3を眺めるのもこれが最後になってしまった。(1971.4)→

貨車たちにも最後の走行をさせたいという現場の気持ち，そして集ったファンへのサービスもあったのだろうか，最終日の前日には混合列車が突然登場することになった。百間町の構内ですぐに入換が始まり，組成されたのはDB81＋ワ9＋ワ2＋ホハ2＋ホハ3というご覧のような編成。全線運転時代を彷彿とさせる列車が百間町—飯室間を1往復している。（いずれも1971.4）

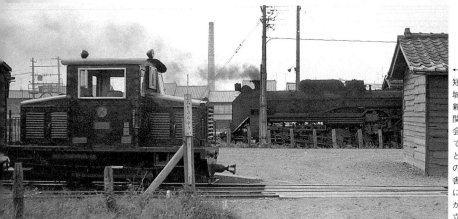

←国鉄接続側を残す地方私鉄の短縮例は少なくなかったが，頸城鉄道では浦川原側だけでなく新黒井側も廃止。頸城鉄道の機関車が信越本線のD51と顔を会わせる時間も残り少なくなってきた（1968.9）。右はちょうど1年過ぎた頃に訪ねた廃線後の新黒井駅の構内。特徴的な駅舎はそのまま残され，構内跡地には放置された車輌も見られたが，国鉄駅の構内には架線柱が立ち並んでいた（1969.9）。→

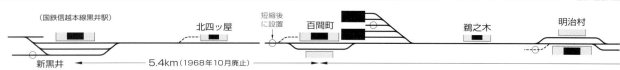

新黒井駅と浦川原駅

　1968年10月までの全線運転時代の頸城鉄道は全長15km。国鉄信越本線黒井駅に隣接する新黒井から終点の浦川原まで10ヵ所に駅が設けられており，ここに掲げた線路図のように途中の百間町，明治村，飯室が上下列車の交換に対応する線路配置となっていた。そのほかの途中駅はホーム上に待合室が建つだけの，いわゆる停留所のような構成。貨物側線を持つ駅もあったが，末期には線路図に点線で示したようにほとんど撤去されていたようだ。

　新黒井—百間町間，及び飯室—浦川原間が廃止さ

1週間後に迫る路線短縮を告知する看板。↓

↓信越本線黒井駅のホームを横目に，DC92が先頭に立つ列車が新黒井に到着。構内のすぐ手前には小さな流れに架かったガーダー橋がある

れてからは運転も単純化しているが，百間町と飯室の交換線路はそのまま残存。降雪期，あるいはホジ3の検査時には機関車＋客車が起用されるので，機まわり線として使用されていた。さらに両駅の旧本線上先端部には，ラッセル車の方向転換に欠かせない転車台が新設されており，推進する機関車も機まわり線を通って反対側へと移動。全長わずか5.9kmに短縮した路線ながら，頸城鉄道を取り巻く環境がかわらないことを知ることにもなった。

ここではこれらの駅の中から主要駅を中心に，その構内の様子をまとめておくことにする。最初に紹介するのは全線運転時代の両端駅である新黒井駅と浦川原駅。1回だけの訪問で撮影カットは少ないが，その中からできるだけ構内の雰囲気が伝わるものをセレクトしてみた。

↑見かけた人力による客車の移動シーン
（いずれも1968.9）

↓発車間近の長編成。車内には多くの乗客の姿が見える

←↑路線短縮後の頸城鉄道を訪問した際にも，信越本線からの下車駅のためにいつも立ち寄ったのが新黒井の駅跡地。ハ6やニフ1，多くの貨車がそのまま取り残されていたが，徐々に荒廃も進み，1971年当時は貨車の姿がほとんど見られなくなっていた。（1969.9／1971.5）↓

↑左はDB81が先頭に立った出発間近の列車。DC92が先頭に立った列車は，DB81の機まわしが済んでから入線してきたのだろうか。こちらの線路はホームに面してなく，客扱いがどのように行なわれていたかが未だに疑問として残る。（1968.9）

「浦川原方面」と大書きされた看板こそはずされているが，腕木式信号機がそのまま残されていた路線短縮後の新黒井の駅舎。運送会社やタクシー会社の営業所にかわっても洋館ふう木造建物の偉容は健在で，列車がやって来てもおかしくない雰囲気を持っていたが，保存されることもなく，いつの間にか解体撤去されてしまった。背後を移動するのはD51の排煙。信越本線にまだ蒸気機関車が健在だったことを物語る。（1969.9）↓→

下保倉からわずか1.2kmの距離ながら，1年半も遅れて開業したのが終点の浦川原。バスルートとの接続点ということもあり，駅前や駅舎はほかの駅より立派な感じだが，構内に入ればこのように軽便鉄道ならではの世界が拡がる。貨車への積込線路は中間駅と異なって2線を敷設しているが，これは鉄道輸送に移る拠点だったためだろうか。収穫米輸送季節には混合列車に連結される貨車の数も多かったのだろう。（1968.9）

↑ホジ3の代走としてDB81+ホハ5を運転。路線短縮後には時刻表からも消えた路線で、まだこんな列車が走っていた（1969.9）

百間町駅と百間町車庫

　新黒井を出てから最初に到達する列車交換駅が百間町。木造の駅舎に面した浦川原方面へのホーム、待合室があるだけの新黒井方面へのホームが上下線路を挟む構成で、交換列車がない時には新黒井に向かう列車も駅舎側の線路に着発していたようだ。また、頸城鉄道の車輛基地はこの駅に結ぶ形に展開しており、駅舎とすぐ横の検修庫は一体化した建物のような印象。車庫への分岐が浦川原側の本線上に位置することが幸いして、路線短縮時にも駅や車庫の線路配置が変更されることはなかった。

　この路線短縮以降は到着列車がそのまま飯室側へと折り返す運転になったが、かつての上り線は機まわり線として使用されるために残存しており、ラッセル車の方向転換用に転車台を設置。その先の旧本線と共に新黒井側にあった貨物側線が撤去され、上りホーム上の待合室も姿を消している。

↑路線短縮後の百間町で見かけることが多くなった単行のホジ3が発車を待つシーン。旧上りホーム上には雑草が生い茂る（1970.9）

↑百間町の駅舎は木造瓦葺きの，地方私鉄の駅と聞いて誰もが思い浮かべる建物。ホームの高さはご覧のとおりで，反対側ホームに渡る踏切も簡素なものである。↓

15

↑上は駅から眺めた全線運転時の新黒井方面(1968.9)。上下線の合流個所の向こうには右手前に延びる貨物側線の分岐が見える。下はその分岐があったあたりから眺めた路線短縮後の駅構内(1970.9)で，移設された転車台が見えるが，手前側の線路は完全に撤去されている。↓

↑全線運転時の新黒井方面行きホーム(左／1968.9)とその路線短縮後の姿(右／1969.9)。終端駅になって待合室が撤去されたほか，腕木式信号機も不要になったほうの矢羽根がはずされているのがわかる。

牽引機＋客車1輌という最短の列車ながら，機まわしシーンを眺めていて飽きないのはファンだけなのだろうか。国鉄路線や私鉄路線でも同様の入換は行なわれていたわけだが，既に機関車牽引列車は少なくなっており，百間町や飯室で見た到着列車がそのまま折り返す形態は，機まわし線を持つ終端駅の典型的な例のように思えた。ここに掲げたのは牽引機が引上げて機まわし線を通り，到着列車が出発列車にかわる様子だが，現在なら誰もが動画で記録したくなるようなシーンに違いない。

17

↑雑草に覆われ，レール面と錘付転換器だけが見える百間町車庫の構内。車庫線路は計5線で，浦川原側の本線上に接続していた

←百間町を発車した列車が徐々に加速しながら車庫の横を通過。このあたりは雑草に覆われて本線と車庫構内との境界もはっきりしていない。列車の横にある小さな建物は保線小屋で，すぐ横に古枕木が積まれているのがわかる。

↑中央の1線を除く構内線路の先に設置されている2棟の検修庫。どちらも木造瓦葺きの2線庫だが,主に客車や貨車の整備に使われる左側の庫は外壁が張りかえられている。中央の線路には転車台が設けられており,ここはオフシーズンに除雪車の定番留置場所となっていた。

↑2～3線を使用して客車と貨車の入換が行なわれているシーン。この時には引上線の代用として本線まで入換列車が顔を出すことになる

↑検修庫に入らない中央の短い線路に設置されていた転車台。除雪車の方向転換に使用されており、ご覧のように2軸がかろうじて載るだけの小さなものである。

庫内で見かけたのは1960年に十勝鉄道から転入してきたDC123。L形車体，外側台枠の12トン3軸機で，前後に跳ね上げ式のスノープロウを装着していた。主に降雪期に活躍したが，エンジン関係のトラブルも多かったようで，晩年はほとんど庫内に駐留。残念ながら訪問時に稼動状態を見ることはなかった。↓

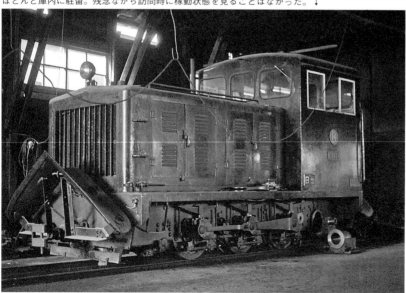

←↑ディーゼル機関車の整備に使われていたほうの検修庫は、下見板張りの典型的な木造建物で、屋根の傾斜がきつく、入口に扉を持つ降雪地仕様となっていた。片側張り出し部分の入口側は給油場所となっており、この写真を比較するとわかるように屋根は覆い蓋を兼ねた跳ね上げ式。庫内の給油に備えて扉には窓状の引込用開口部があることもわかる。

↑張り出し部分のいちばん手前に置かれた軽油計量器と、大きなヒサシの下に立っていた送油ポンプ。右は庫内に設置されていた給水槽で、角材を組んだ脚の上に鉄板製の四角いタンクを載せた構造。ディーゼル機関車に冷却水を供給する設備だが、かつてはコッペル2号機への給水に使われていたのかも知れない。

飯室駅とそのほかの駅

浦川原がバスへの接続駅として賑わいを見せていたのに対し,路線短縮後の終端駅になった飯室は,農耕地帯の中にポツンと1面のホームと駅舎だけがある静かな終端駅になっていた。かつての下り線は機まわし線に代わっており,百間町側の貨物側線は浦川原側に少し残された旧本線と共に客車や貨車の留置線として機能。また,駅の先端にはラッセル車の方向転換用に転車台が移設されており,ホーム面に残されていた給水塔と併せて,小型レイアウトに恰好の実例と思える雰囲気の終端駅であった。

ホームの端に残されていた給水塔。タンクや脚は新黒井の構内にあったものとほぼ同構造同形態である。↓

↑乾いたエンジン音を響かせながら百間町に向かってホジ3が発車。左奥の旧浦川原側には留置された客車と貨車が見える

↑発車時間を待つDB81牽引列車と貨物側線に入線中の留置車輌。ホジ3入場時の代走列車は客車1輌使用で、貨物列車もほとんど運転されていなかったため、出番がない車輌をこちらに移して、百間町の車庫を使いやすくしていたのかも知れない。

　新黒井と浦川原のちょうど中間点に位置し，路線短縮後には唯一の列車交換可能駅となったのが明治村。いちど聞いただけでも耳に残る駅名は，かつての周辺の集落名に由来したものという。飯室と似た規模のホームや駅舎の背後にはたくさんの樹木が集まり，こちらは人里から少し離れた駅のような雰囲気。時代の経過を感じさせない佇まいは鉄道の廃線までかわることがなく，駅名から受ける印象もあるのか，ホーム上に立っていると木造客車の先頭に立ってコッペルがやって来そうにも思えた。

←列車交換ができない駅は路線短縮時に廃止された北四ッ屋と下保倉，路線短縮後も残存した鵜之木，花ヶ崎，大池の計5駅。左は大池，下は花ヶ崎で，大池にはかつて短い貨物側線が設けられていた。↓

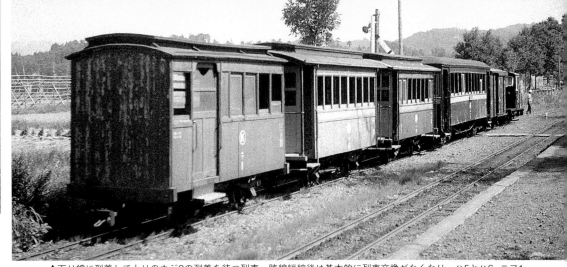

↑下り線に到着して上りのホジ3の到着を待つ列車。路線短縮後は基本的に列車交換がなくなり，ハ5とハ6，ニフ1も廃車されているので，この線にこんな列車が入線するシーンも見納めになってしまった。(このカットのみ1968.9)

全線中央の交換駅だったためか，新黒井側の側線の先には転車台が設置されていたが，晩年には使われる機会もなかったようで，雑草に覆われてその存在すらわかりにくかった。→

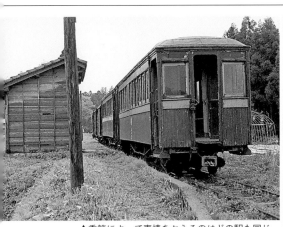

↑季節によって表情をかえるのはどの駅も同じ。これは百間町と明治村の間にあった鵜之木で，かつて開放されていた待合室の前面は，雪の吹込みを防ぐために入口だけを残して塞がれていた。→

頸城鉄道の車輌たち

ディーゼル機関車 DB81, DC92

訪問するたびにさまざまな走行シーンを見せてくれた頸城鉄道の列車。ホジ3が2～3輌を牽引することもあったが、もっと長い編成では当然ながら機関車が対応することになり、DC123が実質的にリタイアした後は、DB81とDC92のどちらかがその先頭に立っていた。両機の活躍はディーゼル機関車に改造されてからでも20年近くに及ぶが、技術的なトラブルは少なかったようで、メンテナンスも行き届いていたのか、長期にわたる運用からの離脱はなかった。

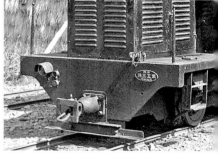

DB81は2軸ロッド駆動の8トン機で、前身は1945年協三工業製の蒸気機関車。その下まわりを流用する形で、1952年に森製作所がディーゼル機関車化改造しており、さらに1955年には協三工業による再改造で、ほかの鉄道にも類例が見られる最終的な形態になっている。台枠全長：4265mm、高さ：2626mm、幅：2000mm、動輪径：φ560、軸距：1565mm。

DC92は3軸ロッド駆動の9トン機で，1914年コッペル製の蒸気機関車を1954年に協三工業がディーゼル機関車化改造。2軸機の3軸機化からもわかるように，実質的には新製に近く，上まわりもDB81より近代的なものになっている。エンジン出力はDB81とかわらないが，粘着面から安定した引出力があったと言われている。台枠全長：4800mm，高さ：2656mm，幅：2000mm，動輪径：φ560，軸距：900+900mm。

気動車 ホジ3

　ほかの軽便鉄道でも気動車の導入例は少なくなかったが，頸城鉄道では客車から改造されたホジ3が活躍していた。お座敷客車ホトク1を1932年にガソリンカー化した車輛で，1951年にはディーゼルエンジンに換装され，床面に穴を開ける形に装架されたエンジンから片側の台車を駆動。また，この時には客室中央にステップが付いた客用ドアーを，運転台の横に乗務員用ドアーを設けるなど，車体が密閉化されているが，客室の窓まわりに変更はなく，木造車体が鉄板張りにかわることもなかった。

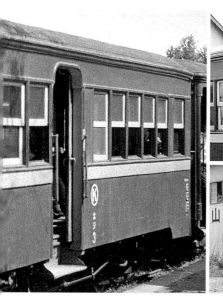

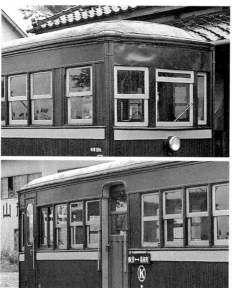

28

↑ホジ3が踏切で自動車に接触し，しばらくの間は機関車＋客車が代走――こんな情報があり，久々の客車列車走行シーンを見に出かけた。百間町の車庫内ではそのホジ3の修復作業が行なわれており，損傷した飯室側の前面窓下を新しい板に張りかえる工事が進行。復帰時期は不明だが，次の訪問時には以前とかわらない姿に接することができた（このカットのみ1969.9）。

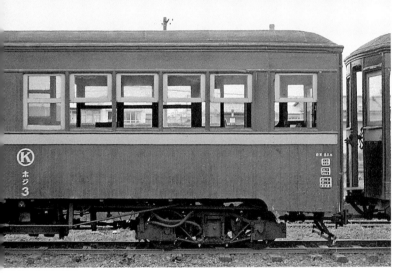

計器盤，ブレーキ弁や圧力計，ギヤーシフトレバーが並ぶ運転台。速度計の目盛りに表示された最高速度は50km/hとなっている。→

←中央部に木製のエンジンカバーが突き出した室内の構成は独特。そこからプロペラシャフトで駆動される片側の台車には，元の客車用アーチバー台車を補強改造したものがそのまま使われている。↓

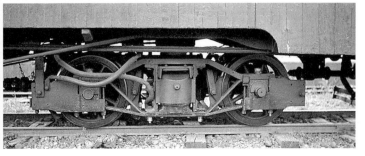

2軸客車 ハ5, ハ6・ニフ1

全線運転時代の最後まで在籍していた2軸客車がハ5とハ6，そして荷物車ニフ1である。ダブルルーフ，オープンデッキのハ5とハ6は新潟鉄工所製で，青梅鉄道から魚沼鉄道を経て1949年に頸城鉄道へと転入。両者は窓配置の微妙な差を除けば同じ形態で，降雪地の魚沼鉄道や頸城鉄道でもデッキが密閉化されるような改造は行なわれていない。2軸の木造客車はほかの軽便鉄道にも見られたが，この3輌は典型的な古典タイプと言える車輌。オリジナルスタイルをかえない客車が現役で走ることも頸城鉄道の大きな魅力だった。

↑目にする骨組や壁面のすべてが木製というハ6の室内。走り始めた当時と何も変わっていないであろう室内を眺めていると，時代感覚さえ失いそうになる。

ニフ1はハ5，ハ6と同様に魚沼鉄道を経て移ってきた元青梅鉄道の客車で，製造されたのは実に1894年。1958年には荷物車にかわっており，側面窓下の外板は鉄板張りとなっているが，これは後年の工事によるものであろう。

31

ボギー客車 ホハ1～5

ボギー客車はホハ1～ホハ5の木造車5輌。開業に合わせて1914年に日本車輌で普通車ホハ1～3, 合造車ホロハ1, 2, お座敷客車ホトク1が製造されている。このうち, ホトク1とホハ3は後にガソリンカーに改造されて, それぞれホジ3とホジ4になったが, ホジ4のほうは客車に再改造されてホハ5になり, ホロハ1, 2も室内を改造されてホハ3, 4になっている。このような経緯から元の車号のままだったのはホハ1とホハ2の2輌だけ。旧ホハ3はホハ5に改番されているが, これは客車に戻った時に既に同じ車号が埋まっていたからであろう。これら5輌の形態はほとんどかわらず, 大きさも同じ。同形車が揃い, ホジ3を含め, 製造されたすべての車輌が最終期まで残存した鉄道は珍しいはずである。

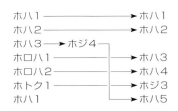

↑当初から普通車として製造されたグループに属するホハ1とホハ2。室内の大きな改造は行なわれていないが, ホハ1のほうは後年に側面外板が鉄板張りとなり, 両者の印象はいくらか異なることになった。↓

↑ホハ3

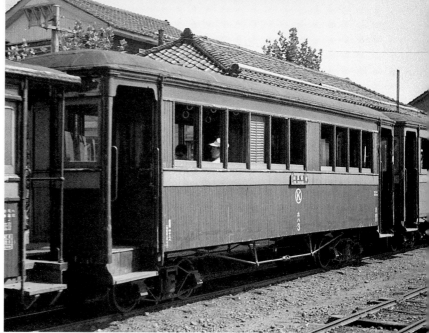

←↑室内仕切板の撤去と座席の変更によって普通車化されたホハ3とホハ4は、合造車時代の面影を残した側面の窓配置が特徴。ホハ4のほうはホハ1と同様に側面外板が鉄板張りにかわっている。

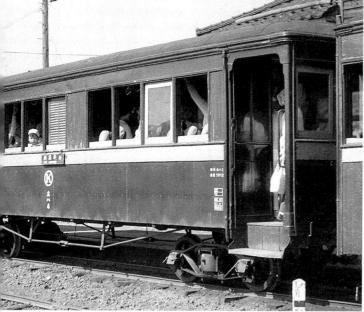

↑ホハ2

←ホハ5はホハ3時代にガソリンカーに改造されてホジ4となったが、ホジ3の本格的な気動車化が行なわれた時点に、再び客車へと戻された車輛。ホハ5となった後の外観はこのようにホハ1とかわらないが、客室妻面のガラス窓に運転台があった面影を残していた。

33

↑左が客室妻面に窓をあけたホハ5。ガソリンカー時代には客室に運転台を設け，2枚の窓ガラス越しに前方を見ていた。

有蓋車と無蓋車

穀倉地帯を走る鉄道に相応しく，1914年の開業時に日本車輌で12輌もの有蓋車を新製しており，後年には国鉄松浦線や魚沼線からも転入。除雪車に改造した車輌を除き，最大16輌が在籍していた。無蓋車も開業時に6輌を新製しており，後年には松浦線からの転入車もあったが，こちらの活躍期間は短く，数年で姿を消している。有蓋車と無蓋車は共に典型的な形態の木造2軸車で，客車と混結した列車の姿も見慣れたものだったが，路線短縮時には何輌かが新黒井の構内に留め置かれてそのまま廃車になっている。

↑アーチバー台車は軸距が1220mmで車輪径はφ559。雪を捲き込んだ作動不良を防ぐためか，ボルスター部分にはバネ覆いが取付けられている。

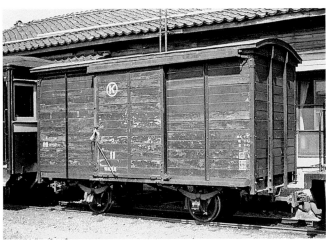

頸城鉄道が自社発注した有蓋車はワ1～ワ12の12輌，無蓋車はト1～ト6の6輌で，どちらも全長は4826mm。このうち，ワ12は除雪車ロキ1に改造され，ワ7とワ10は後年に外板や扉が鉄板張りに更新されている。また，1949年になって国鉄松浦線や魚沼線から全長4150mmの有蓋車計5輌が編入しており，頸城鉄道での車号は2代目ワ12，及びワ13～ワ16となっている。

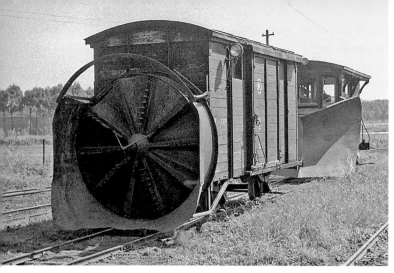

除雪車 ラキ1とロキ1

降雪時の運転を確保するために、ラッセル車とロータリィ車という本格的な除雪車を配備していたことも頸城鉄道の特徴となっていた。

本線除雪用のラキ1は魚沼線から転入した有蓋車を改造したものと言われており、全長は5470㎜。当初の工事内容は固定式プロウの設置や前方監視窓を開ける程度だったが、後に除雪幅を拡げる可動式ウイングが追加され、その収納スペースを得るために車体幅を狭める大改造が行なわれている。このウイ

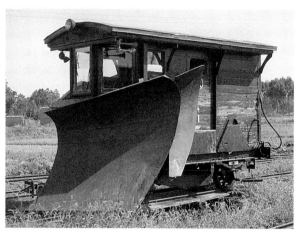

↑側面から出たアームに連動する開閉式のウイング。この設置のために車体は屋根を除いてかなり幅が狭くなり、乗降用の扉は1ヵ所だけに設けられている。床下に見えるのはレール間の雪を取り除くフランジャー。ポイントや踏切を通過する際の支障がないように上下方向に可動する構造である。↓

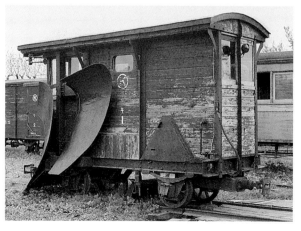

↑降雪期以外は百間町車庫に留置されている2輌の除雪車。ここは両者の所定の入線場所で、特にラキ1にとってはこの線にある転車台が欠かせない設備だった。

ングを開閉するシリンダーの圧縮空気は推進する機関車から供給されており、ラキ1の車内にはそれを貯えるための大きなタンクが設置されていた。

一方、構内除雪用のロキ1は貨車の項で触れたようにワ12を改造して誕生した車輌で、全長は5782mm。片側のエンドに除雪装置が、車内にはエンジンが取付けられ、回転をミッションからチェーンでローターへと伝えていた。こちらの車体は有蓋車時代とほとんどかわってなく、本線を走行することもないので前方監視窓さえ開けられていない。

←↑有蓋車時代とあまりかわっていないロキ1の車体。除雪時には排気のために扉を開いて運転しており、車内には軸重増加用のウェイトも積載されていた。集雪板の内側に直径φ1829という大きなローターを収めた除雪装置はご覧のような迫力である。

雪原を走る列車と除雪車の出動

（撮影：1970年1月）

農耕地帯が拡がる平坦な地形の中を走る頸城鉄道だが，冬期には沿線の積雪量が1mを超す時もあり，毎日の除雪作業によって安定した運転が確保されていた。この時期にはホジ3に代わって機関車牽引列車が走っており，除雪車ラキ1の推進運転用と併せてDB81とDC92の両機がフル稼動。共に片側の端梁にスノープロウを装着し

↑少し離れたところのDC92が霞む降雪時と，先の景色まで見通せる快晴時の様子を比較。同じ百間町の駅シーンだが，両日の温度差まで感じられる。→

↑百間町の先端にあった転車台は路線の短縮後に設置されたもの。降雪期には片側にスノープロウを付けた機関車やラキ1の方向転換に使用されていたが，積雪による回転の不具合も発生し，人力によって雪を掻き出す作業が日常的に行なわれていた。↓

た姿で活躍をしていた。

　雪と闘う軽便鉄道を記録するために訪れた初日はかなりの降雪があり，ホーム面や客車のデッキに吹き溜まった雪の排除，転車台のピットから雪を掻き出す作業が連続。対照的に快晴に恵まれた翌日には車輌に付着していた雪も溶け落ち，早い時間に飯室までの1往復を済ませたラキ1は，すぐに百間町の構内に取込まれている。

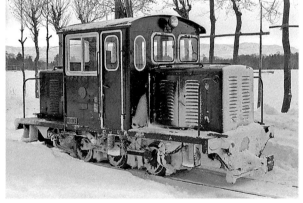

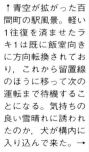

↑青空が拡がった百間町の駅風景。軽い1往復を済ませたラキ1は既に飯室向きに方向転換されており，これから留置線のほうに移って次の運転まで待機することになる。気持ちの良い雪晴れに誘われたのか，犬が構内に入り込んで来た。→

↑どんよりとした空の下，雪煙を大きく立てながらDC92が客車を牽引する。スノープロウ装着の効果が良くわかる走行シーンだが，降雪量が特に多い時には除雪列車が先導し，そのすぐ後を旅客列車が走る続行運転が必要になる場合もあった。

↑線路を取り巻くのは住民の足跡さえまったく見えない純白の雪原。除雪された線路のカーブが印象的な世界の中を，軽快な走行音を響かせながらDB81がホハ5を牽引する百間町行き列車が通過していく。

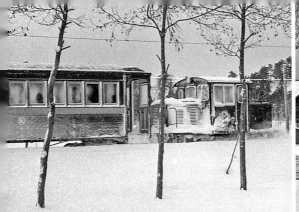

↑沿線に並ぶ枝打ちされたハサ掛け用樹木は穀倉地帯の象徴。それに沿って走る頸城鉄道の列車は見慣れたものだったが、車輌の表情は季節、そしてその日の天候によって大きくかわって見える。

↑ウイングを拡げたラキ1がやって来た。いわゆるドカ雪の際にそのまま推進除雪すると脱線しやすく、2mおき程度に人力でクシ形に除雪を行なってから運転。断続して雪の壁に当たる衝撃は激しいものだった…という話を作業員の方から聞いた。

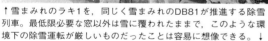

↑雪まみれのラキ1を，同じく雪まみれのDB81が推進する除雪列車。最低限必要な窓以外は雪に覆われたままで，このような環境下の除雪運転が厳しいものだったことは容易に想像できる。↓

↑降雪量の差による走行状態を比較。上は推進機関車のエンジンがうなるハードな除雪シーンだが, 前回の除雪の後に降雪がなかった右は線路際の雪を削り取るだけのような軽やかな走行シーンであった。→

側面から出たアームの先に付くウイングは開閉式。左のように開いた状態には前面のプロウと一体化した形になって, 広い除雪幅を得ることになる。右は駅などを通過する際のウイングをたたんだ状態で, これを収めるためにラキ1の車体幅は貨車などに比べて狭くなっている。→

↑留置されたまま雪に埋もれたロキ1。軽便鉄道には珍しいロータリィ式の除雪車で, 構内の除雪用に百間町に常駐していたが, 低速運転が求められるために出番は少なく, 晩年は活躍する機会もほとんどなかったようだ。

↑廃止日の前日に訪れた百間町の構内では，DB81がレタリングを入れたホハ5など，客車の入換を行なっていた

頸城鉄道の廃止 （撮影：1971年5月）

1971年5月1日，1914年から走り続けてきた頸城鉄道がいよいよ廃止当日を迎えた。この日に走るのは飯室6時31分発から11時20分発までの午前中7本の列車。ホジ3に代わって機関車＋客車が起用され，百間町―飯室間3往復半の運転をこなしている。サヨナラ列車の準備は少し前から行なわれており，当日の役者となるホハ5の側面には「1914-1971サヨナラ」の文字を大きくレタリング。牽引するDC12と共にモールを窓まわりに掛ける装飾も施された。

さらにホハ2とホハ3を増結した全盛時代を偲ばせる特別列車も登場。前日4月30日にはホジ3だけでなく，DB81が客車と有蓋車の混結編成の先頭に立つ列車も運転されており，鉄道のスタッフの車輛に対する思い入れが伝わる運用であった。

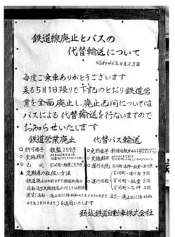

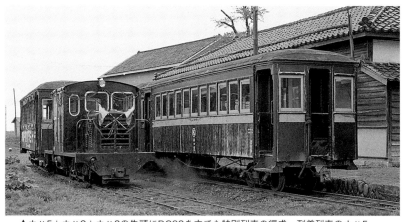

↑ホハ5＋ホハ2＋ホハ3の先頭にDC92を立てた特別列車の編成。到着列車のホハ5をいったん先端まで引き上げ，ホーム側に入線させたホハ2＋ホハ3の前に連結する。

↑サヨナラ運転に備えて庫内ではDC92の，庫外ではホハ5の清掃や飾り付けが行なわれていた→

↑田圃の畦道から眺めた百間町駅。飯室方面への線路は隣の機関庫に沿って延びているが，ここを走る列車の姿も見納めになってしまった

↑新黒井―浦川原間の全線運転時代に見かけることも多かった長編成が，特別列車として鉄道最終日に復活。DC92が客車3輌を牽引するこの列車は途中停車を繰り返しながら百間町―飯室間を1往復しており，実質的に頸城鉄道の最終運転列車となった。

↑飯室に到着してDC92の機まわしを行なったサヨナラ列車。飯室発の最終列車は地元中学生のブラスバンド演奏による「蛍の光」の中を発車した。↓→

飯室からの最終列車が百間町に到着。従来の下り列車発車時間とほぼ同じ12時25分には、飯室・浦川原へと向かうバスがここを発車していく。もう飯室へと走ることがないDC92が、引継開始を記念するモールの飾り付けを横で見守る。→

↑最終運転を終えた車輌たちが百間町に取込まれたのは午後の比較的早い時間。学校帰りなのだろうか、ランドセルを背負ったままの小学生がさっそく立寄り、この時から構内は地元の子供たちにとって恰好の遊び場になった。

↑百間町に停車中の木造客車を連ねた編成。今から50年前、頸城平野をこんな列車が走っていた…

頸城鉄道の記録1968〜1971　　著者：橋本　真　　ISBN978-4-916183-38-5
　　　2018年10月5日発行

編集／発行者・橋本　真©
発行所・SHIN企画　〒201-0005 東京都狛江市岩戸南1-1-1-406

発売所・株式会社 機芸出版社　〒157-0072 東京都世田谷区祖師谷1-15-11

定価はカバーに表示してあります